Cuadernos del Acantilado, 125

SOBRE LA AMISTAD

ARISTÓTELES

SOBRE LA AMISTAD

LIBROS VIII-IX
DE «ÉTICA A NICÓMACO»

TRADUCCIÓN DEL GRIEGO CLÁSICO
DE EDUARDO GIL BERA

BARCELONA 2025 ACANTILADO

TÍTULO ORIGINAL Capítulos VIII-IX de Ἠθικῶν Νικομαχείων

Publicado por
ACANTILADO
Quaderns Crema, S. A.

Muntaner, 462 - 08006 Barcelona
Tel. 934 144 906
correo@acantilado.es
www.acantilado.es

En la cubierta, *Dos niñas junto a la estufa* (1895), de Albert Anker

ISBN: 978-84-19958-45-7
DEPÓSITO LEGAL: B. 22 230-2024

AIGUADEVIDRE *Gráfica*
QUADERNS CREMA *Composición*
ROMANYÀ-VALLS *Impresión y encuadernación*

PRIMERA REIMPRESIÓN *agosto de 2025*
PRIMERA EDICIÓN *enero de 2025*

I

I

En adelante nos ocuparemos de la amistad, que es una virtud, o al menos va unida a la virtud, y sobre todo constituye uno de los requisitos imprescindibles para la vida, pues nadie querría vivir sin amigos aun disfrutando de los demás bienes. Incluso quienes poseen riqueza, autoridad o poder tienen necesidad de amigos, pues ¿de qué sirve la fortuna si no es posible favorecer a los amigos por medio de actos nobles, que son los más dignos de elogio? Y a falta de amigos ¿cómo conservar y mantener a salvo las riquezas, más inseguras cuanto mayores son?

En la pobreza y en el resto de desventuras, los amigos son nuestro único refugio. En la juventud, nos ayudan a evitar cometer errores; en la vejez nos ofrecen cuidados y apoyo para compensar nuestra debilidad, y cuando nos encontramos en la flor de la vida recurrimos a la amistad para realizar actos nobles. Como dice el poeta, «cuando dos van juntos...»,[1] porque la unión aumenta la capacidad de pensar y actuar.

Añadiría que, por naturaleza, el amor parece un sentimiento innato en el corazón de los padres, y en el del hijo hacia ellos, no sólo entre los seres humanos, sino también entre las aves y la mayor parte de animales de una misma especie. No obstante, se manifiesta sobre todo entre los seres humanos, por eso disponemos del término *filantropía*, que designa el amor al género humano y se considera una virtud.

También los viajeros han constatado que existe afinidad y amistad entre los hombres en muchos otros lugares, y hasta podría afirmarse que la amistad es lo que mantiene unidas a las ciudades-Estado, por eso incluso a los legisladores les preocupa más que la justicia. De hecho, como la concordia entre los ciudadanos se parece a la amistad, el principal propósito de las leyes consiste en establecerla para desterrar a toda costa la discordia, que es la mayor calamidad del Estado. Cuando la amistad une a los hombres, la

[1] *Ilíada*, x, 224-225: «Cuando dos van juntos, uno advierte antes que otro lo que más conviene».

justicia no es necesaria, mientras que incluso el hombre más justo necesita amigos. Y es que, sin duda, la mayor justicia del mundo es la que inspira la amistad.

La amistad no sólo es necesaria, también es noble. Alabamos a quienes quieren a los amigos porque ese afecto nos parece uno de los sentimientos más dignos que podemos sentir, y para algunos ser virtuoso y ser buen amigo son la misma cosa.

Sin embargo, no son pocas las discusiones en torno a la amistad. Unos creen que consiste en una forma de semejanza, que quienes se parecen son amigos, como ilustran las expresiones «tal para cual», «cada oveja con su pareja» u otras por el estilo. Otros, en cambio, creen que quienes se parecen jamás se ponen de acuerdo, como los alfareros, que compiten entre sí.[1] También existen teorías que atribuyen a la amistad un origen más elevado, análogo al de los fenómenos naturales, como Eurípides, que escribió: «La tierra árida ama la lluvia» y «el cielo nublado ama descargar tormentas para

[1] Alusión a Hesíodo, *Los trabajos y los días*, 25: «El alfarero envidia al alfarero, el carpintero al carpintero».

regarla».[1] Heráclito, por su parte, afirma que «los contrarios se atraen y de la discordia nace la perfecta armonía», y que «la discordia es la madre de todas las cosas». Otros, como Empédocles, sostienen, por el contrario, que «lo semejante busca lo semejante».

Pero, al margen de los problemas que preocupan a los físicos, ajenos al tema que nos ocupa, examinaremos las cuestiones directamente relacionadas con los seres humanos que atañen a sus costumbres y pasiones. Podemos preguntarnos, por ejemplo: ¿es capaz de amistad cualquiera sin excepción o las malas personas son incapaces de profesarla?, ¿existe una sola forma de amistad o muchas? Quienes sostienen que sólo existe un género de amistad y distintos grados de la misma no tienen pruebas demasiado sólidas para afirmarlo, porque de hecho entre las cosas de distinto género también existen diferencias de grado. Pero éste es un tema del que nos hemos ocupado en otra parte.

[1] En el único fragmento conservado de su tragedia *Edipo*.

2

Las preguntas que acabamos de formular podrán responderse cuando sepamos cuál es el objeto de la amistad, qué es propiamente amable. En efecto, no todo es digno de ser amado, sino sólo lo amable, es decir, lo bueno, agradable o útil. Ahora bien, como lo útil es lo que procura un bien o un placer, resulta que lo bueno y lo agradable son las únicas cosas dignas de ser amadas.

Pero se nos plantea entonces otra pregunta: ¿aman los hombres lo bueno en sí, o más bien lo que es bueno para ellos? A veces ambas cosas no coinciden, y lo mismo sucede con lo agradable, con lo que nos produce placer. Se supone que cada uno ama lo que es bueno para él, y que lo bueno también le resulta amable. No siempre amamos lo que es bueno para nosotros, sino lo que nos parece bueno, pero esta diferencia es irrelevante, y podemos decir sin más que el objeto digno de ser amado es el que nos parece bueno.

Así pues existen tres causas que nos hacen amar. Sin embargo, jamás empleamos el término *amistad* para referirnos al apego o al gusto por cosas inanimadas, ya que no nos cabe esperar reciprocidad de las mismas, ni podemos desear ser bondadosos con ellas. ¡Sería ridículo desearle lo mejor al vino que nos tomamos! Lo único que podemos desear es que se conserve para poderlo beber cuando nos apetezca. En cambio, a un amigo le deseamos lo mejor por su propio bien. Así pues, llamamos benevolentes a quienes desean el bien de esa manera aun cuando la persona amada no les corresponde. Y cuando esa bondad es mutua la llamamos amistad.

¿Pero no debería añadirse que, para ser amistad verdadera, es preciso que ambas personas conozcan la simpatía que les profesa la otra? Ciertamente, muchos son benevolentes con personas a las que consideran buenas o útiles pero no conocen, y alguna de ellas incluso podría tener un sentimiento recíproco hacia su benefactor. En tal caso, el sentimiento sería mutuo, pero ¿cómo podríamos llamarlos amigos si ignoran que es recíproco? Así pues, para hablar de amistad no sólo es necesario que ambas personas se profesen buenos sentimientos y se deseen lo mejor, sino además que conozcan la reciprocidad de ese deseo basado en los motivos ya mencionados.

3

Insisto en que los motivos de afecto son de distinta especie y por consiguiente también los amores y amistades que causan deben ser distintos. Así pues, hay tres clases de amistad, que corresponden a los tres motivos de afecto, y en cada una de ellas debe existir reciprocidad. Quienes se quieren le desean lo mejor al otro en función del motivo por el que lo quieren. Por ejemplo, los amigos a los que une el interés no se quieren por sí mismos, sino por lo que pueden obtener uno del otro. Lo mismo ocurre con los que se quieren por el placer: si disfrutan de la compañía de personas igual de ingeniosas, no es a causa del carácter de tales personas, sino tan sólo por los placeres que les procuran. De modo que cuando se ama por interés en el fondo sólo se busca el beneficio personal, y cuando se ama por placer tan sólo se persigue el placer mismo. En ambos casos se ama al otro no por lo que es, sino tan sólo porque resulta útil o agradable.

Las amistades de este tipo son accidentales en la medida en que no se ama a la persona por sus cualidades, sean las que sean, sino por el provecho o el placer que procura. Y, en consecuencia, también se disuelven con facilidad, tan pronto como la disposición de las partes cambia: en cuanto dejan de ser agradables o útiles desaparece el afecto. La utilidad no es duradera, varía de un momento a otro, y cuando desaparece el motivo que unía a los amigos, también la amistad se disuelve, pues sólo existía con ese fin.

La amistad entendida de este modo interesado suele darse entre personas de edad avanzada, que ya no buscan lo que resulta agradable, sino más bien provechoso. Pero también puede darse entre personas maduras y jóvenes movidas por el provecho personal. Los amigos de este género no desean convivir ni disfrutan del tiempo compartido, sólo sienten necesidad de cultivar el trato cuando desean obtener algo, pues lo único que les complace es la expectativa de sacar algo el uno del otro. En este tipo de intercambio puede inscribirse la hospitalidad.

El placer, en cambio, parece ser la principal causa de la amistad entre los jóvenes, que, movidos por la pasión, suelen perseguir la satisfacción inmediata del deseo. Pero puesto que los placeres cambian con el tiempo, estas amistades nacen con tanta facilidad como mueren. Los placeres mudan con rapidez, y la amistad desaparece cuando se esfuma el placer que le dio origen. Los jóvenes son enamoradizos, y el enamoramiento a menudo lo causa la pasión, y persigue el placer. Por eso se entusiasman con tanta facilidad como se desengañan, y cambian de preferencia varias veces al día, lo cual no impide que deseen pasar todo el tiempo en compañía de la persona querida, pues así se produce y se entiende la amistad en la juventud.

La amistad perfecta es la que se da entre las personas bondadosas y de igual virtud, porque se desean mutuamente el bien en función de su propia virtud y son bondadosas. Quienes desean lo mejor por estos nobles motivos son los mejores amigos, pues lo desean por su propia naturaleza, no por causas circunstanciales. De ahí que esta forma de amistad perviva mientras los amigos sigan siendo virtuosos, y es bien sabido que la virtud es sólida y duradera. Cada uno de ambos amigos es absolutamente bueno en sí, pero también es bueno para el otro, ya que las personas virtuosas son al mismo tiempo absolutamente buenas y mutuamente útiles. Además, a cada uno le resulta placentera la compañía del otro, lo cual es comprensible: si las personas virtuosas resultan agradables en sí y además en el trato con otros es porque cada cual encuentra placer en sus propios actos, y por consiguiente en actos del mismo tipo que los suyos; y los actos de una buena persona son iguales, o del mismo tipo, que los de otra buena persona.

Una amistad de esta clase será duradera, ya que reúne todas las condiciones de la perfecta amistad. Como se ha visto, la motivación de toda amistad es el bien o el placer, sea absoluto o sólo relativo a quien ama, y existe en virtud de cierta semejanza. Todas estas condiciones se dan esencialmente en el caso que nos ocupa: aparte de lo demás, hay semejanza, es decir, ambas partes son absolutamente bondadosas y mutuamente agradables; y no hay nada más amable en el mundo, de modo que el amor y la amistad encuentran en estas personas su mejor expresión.

Es natural que tales amistades sean infrecuentes, porque no abundan las personas virtuosas. Además, este tipo de amistad requiere tiempo y familiaridad. Como dice el proverbio, sólo se conoce a alguien cuando se ha consumido en su compañía una fanega de sal.[1] No es posible que

[1] Cicerón recuerda este pasaje en *Sobre la amistad*, 19: «Hay que comer juntos muchas fanegas de sal para cum-

se tengan aprecio ni sean amigos antes de haberse mostrado dignos de afecto y de que se haya establecido una mutua confianza. Está claro que quienes hacen amistades a toda prisa desean ser amigos, pero sólo lo serán si son dignos de amistad y se conocen bien, ya que el deseo de amistad nace enseguida, pero la amistad no: ésta sólo es perfecta con el concurso del tiempo y las demás circunstancias indicadas, gracias a las cuales ambas partes dan y reciben similares obsequios, como corresponde entre amigos.

4

La amistad por placer tiene cierta semejanza con la amistad perfecta y virtuosa, porque también los buenos amigos se complacen mutuamente. Lo mismo puede decirse de la amistad interesada, ya que también en la amistad virtuosa cada cual es útil al otro. Incluso estas amistades condicionadas duran más cuando cada uno de los amigos obtiene lo mismo, por ejemplo placer, y más aún cuando éste tiene el mismo ori-

---

plir el deber de la amistad».

gen, como ocurre entre personas ingeniosas. No es así, en cambio, entre el que ama y el que es amado, pues no les complacen las mismas cosas: mientras que al primero le gusta contemplar a la persona amada, al segundo, recibir las atenciones del amante. En tales casos, con el final de la juventud se acaba también la amistad, porque el que ama ya no goza de contemplar a su amigo y el amado deja de disfrutar de sus atenciones. No obstante, en ocasiones se conserva la amistad, ya que el trato sostenido revela afinidades y vuelve amable el carácter del otro.

Cuando no es el placer el que une a los amigos, sino la conveniencia, la amistad es menos profunda y dura menos. Las personas unidas por el mero interés se distancian en cuanto no obtienen ninguna ventaja, porque no eran realmente amigos: lo único que apreciaban era el provecho que podían sacar del intercambio.

Así pues, sin duda tanto el placer como el interés propio pueden hacer que dos malas personas sean amigas, y también que alguien honrado sea amigo de un malvado, o incluso que quien no es ni una cosa ni otra tenga amistad con uno u otro. Pero está claro que sólo los virtuosos son verdaderos amigos, porque las malas personas sólo disfrutan de la amistad si pueden sacarle algún provecho.

Únicamente es inasequible a la calumnia la amistad entre personas virtuosas, pues jamás darán crédito a lo que diga cualquiera contra alguien al que conocen desde hace tiempo. Además, los virtuosos confían entre sí, son incapaces de agraviarse y poseen el resto de cualidades que consideramos dignas de la auténtica amistad, a diferencia de lo que ocurre en las amistades de otro tipo.

Sin embargo, puesto que suele llamarse amigos a los que se unen por conveniencia, como ocurre entre las ciudades-Estado cuyas alianzas militares se establecen tan sólo con vistas al interés de cada una de las partes; y también a los que se quieren por el placer que se brindan mutuamente, por ejemplo los jóvenes, tal vez también nosotros debamos considerar amigos a los que se quieren por estas razones, pero añadiremos entonces que hay muchas clases de amistad. La primera, la auténtica, será la que une a los virtuosos y buenos, que se quieren porque son virtuosos y buenos, mientras que las demás sólo son amistades por su semejanza con ésta. Las personas cuya amistad se debe a esos motivos inferiores se unen siempre en virtud de algo bueno y de alguna semejanza entre ellas que las hace afines, ya que el placer es algo bueno para quienes lo persiguen. Conviene señalar, sin embargo, que es improbable que la utilidad y el placer coincidan en una misma amistad, es decir que a dos personas las unan al mismo tiempo el placer y la utilidad, porque las cualidades accidentales que dependen del azar raramente pueden coincidir.

Si consideramos que la amistad se divide en las clases indicadas, podemos decir que lo que une a las malas personas es el placer o la conveniencia, en la medida en que ésa es su única afinidad, mientras que los virtuosos, por el contrario, serán amigos por sí mismos, precisamente porque son virtuosos. Sólo éstos son pues perfectos amigos, los demás lo son por accidente y por cierta semejanza con los primeros.

5

Consideramos virtuoso a alguien o bien por su forma de ser o bien por sus actos, y la misma distinción puede establecerse en el caso de la amistad. Cuando dos personas conviven se complacen mutuamente y se procuran atenciones, pero si los separa algún accidente, como el hecho de estar durmiendo o la distancia, no pueden ejercer la amistad, si bien conservan la capacidad de profesarla, porque los accidentes no destruyen la amistad, sino tan sólo la posibilidad de cultivarla. Ciertamente, si la separación se prolonga puede extinguirse la amistad, de ahí el dicho: «La ausencia causa olvido».

Por lo general, ni los ancianos ni los que tienen mal genio parecen idóneos para la amistad, porque poco placer pueden procurar, y nadie soporta pasar demasiado tiempo en compañía de alguien amargo o desagradable: la naturaleza humana tiende a eludir el dolor y buscar el placer.

A quienes se aprecian pero no conviven podríamos considerarlos unidos por una mutua afabilidad, más que por auténtica amistad, pues lo propio de ésta es la convivencia. Cuando estamos necesitados deseamos ver a los amigos porque nos procuran ayuda, y cuando somos dichosos, por la alegría de compartir nuestro tiempo con personas queridas. Nada es más perjudicial para los amigos que la falta de trato, pero sólo podrán frecuentarse si la relación es agradable y disfrutan de cosas parecidas, como ocurre en la camaradería.

Así pues, como ya se ha dicho, la amistad perfecta es la que se da entre los virtuosos, porque lo absolutamente amable y agradable es digno de ser elegido, y la persona virtuosa resulta amable y agradable para cualquier otra de la misma condición.

El apego o el gusto son sentimientos pasajeros, mientras que la amistad es una disposición. Es posible sentir apego o gusto incluso por objetos inanimados, pero la reciprocidad que caracteriza la amistad es el resultado de una decisión y ésta se debe a una determinada disposición. Si somos virtuosos, al desear lo mejor a los amigos lo hacemos por ellos mismos, es decir, no por un sentimiento pasajero, sino por cierta disposición. Sin duda, la persona virtuosa obtiene algo bueno para sí cuando hace amistad con otra igual, ya que el amigo virtuoso es bueno para él. Pero no sólo busca su beneficio, sino que corresponde al otro devolviéndole el placer y la bondad que recibe, de ahí que el dicho «la amistad es igualdad»[1]

[1] Atribuido a Pitágoras.

sea realmente cierto de la amistad entre personas virtuosas.

6

La amistad es menos frecuente entre las personas de mal genio o los ancianos, porque les cuesta avenirse y disfrutan poco de la compañía. En efecto, disfrutar de la compañía y avenirse son signos y causas de la amistad, por eso los jóvenes hacen amigos enseguida y los viejos no, pues no desean tratar con quienes no son de su agrado, y lo mismo puede decirse de los que tienen mal genio. Con todo, también estas personas pueden ser benevolentes si se desean lo mejor y se apoyan cuando es necesario, pero no son del todo amigos, porque como no les complace la compañía no se frecuentan.

Es imposible profesar una amistad perfecta a muchas personas, del mismo modo que es imposible estar enamorado de varias a la vez. La amistad tiene que ver con el exceso, es un afecto que supera al resto y, por su propia naturaleza, distingue a una sola persona. Por lo demás, no es fácil que a uno le gusten mucho diversas personas al mismo tiempo y quizá ni siquiera sería bueno.

No sólo hay que tener familiaridad con el amigo, sino también afinidad, lo cual es muy complicado. En cambio, sí es posible gustar a infinidad de personas cuando se trata tan sólo de relaciones interesadas o placenteras, porque muchos son útiles o agradables, y el intercambio en tales casos requiere poco tiempo.

De estas dos últimas clases, la más parecida a la amistad perfecta es la placentera cuando ambas partes entregan y obtienen lo mismo, y disfrutan de cosas parecidas, como sucede en las amistades entre jóvenes, más desprendidos y generosos. Por el contrario, la amistad interesada tan sólo es digna de espíritus mercantiles.

Los más pudientes no tienen necesidad de relaciones útiles, pero sí placenteras, de ahí que también aprecien la compañía. Sin embargo, como lo molesto es insoportable, y nadie tolera mucho tiempo ni siquiera el mayor bien si le resulta molesto, buscan amigos agradables. Quizá les convendría fijarse en que también fueran buenos, y sobre todo buenos para ellos, ya que entonces reunirían todas las cualidades de los verdaderos amigos.

Los poderosos tienen amigos de todo tipo, algunos son útiles y otros, agradables, pero como es muy raro que una misma persona sea ambas cosas a la vez, no precisan que los agradables también sean virtuosos, ni que los útiles lo sean para causas nobles. Dado que sólo piensan en su satisfacción, les basta rodearse de personas ingeniosas o habilidosas y dispuestas a obedecerles, características que raramente coinciden en un mismo sujeto. Por lo demás, como ya hemos dicho, el virtuoso es agradable y útil a la vez, pero jamás se amistaría con alguien en una posición superior a menos que también le superase en virtud y quedara así compensada la desigualdad, de modo que raramente serán amigos el poderoso y el hombre honesto.

Así pues, los tres tipos de amistad mencionados hasta ahora se basan en la igualdad: los amigos desean y comparten lo mismo, o bien intercambian una cosa por otra, como placer por utilidad, aunque en este caso no son amistades tan sólidas ni duraderas. Si las comparamos con la amistad perfecta entre los virtuosos vemos que en un sentido se parecen y en otro no, así que es posible considerarlas amistades o no según se mire. Desde el punto de vista de su semejanza con las virtuosas, parecen amistades, ya que la relación resulta placentera a una parte y útil a la otra, y ambas cosas caracterizan la amistad verdadera. Pero desde el punto de vista de su diferencia advertimos que no son auténticas amistades, ya que éstas son duraderas e inaccesibles a las calumnias, mientras que las amistades interesadas duran poco, aparte de muchas otras diferencias.

7

Existe otra clase de amistad basada en la superioridad de una de las dos partes, por ejemplo la amistad entre padre e hijo y, en general, entre el mayor y el joven, el marido y la esposa o el gobernante y el gobernado. Todas estas relaciones presentan diferencias entre sí: el afecto del padre por el hijo no es igual que el del gobernante por los gobernados; tampoco el afecto del padre al hijo es igual que el del hijo al padre, ni el del marido a la esposa es igual que el de la esposa al marido. Cada una de las partes posee su propia virtud y su función, y los motivos del vínculo son tan distintos como los afectos y las amistades a que dan lugar.

Así pues, en estos casos los sentimientos de cada parte no son idénticos y no es necesario que lo sean. Cuando los hijos tributan a los padres la gratitud que corresponde y los padres hacen lo propio con sus hijos, la amistad y el afecto son sólidos. En todas estas amistades en las que una de las partes es superior en algún sentido es necesario que el amor compense la diferencia: el que, por el motivo que sea, está en posición de superioridad debe recibir más afecto del que da, porque si el amor compensa la diferencia entre las partes se produce cierta igualdad, condición indispensable de la amistad.

Sin embargo, la igualdad en la justicia y en la amistad es distinta. Para la justicia lo que define la igualdad es la proporcionalidad, que consiste en la distribución equitativa en virtud del mérito. En la amistad, por el contrario, lo que define la igualdad es lo cuantitativo, y el mérito de cada parte es secundario. Por eso, cuando entre las dos partes existe una gran diferencia de virtudes, defectos, riquezas o cualquier otra cosa, difícilmente serán amigos ni lo pretenderán. El caso más evidente es el de los dioses, superiores en todo a los mortales, y algo parecido ocurre con los reyes, cuyos súbditos jamás los considerarían amigos, del mismo modo que tampoco quienes carecen de valía pretenden ser amigos de los hombres más notables o sabios.

En ninguno de estos casos pueden establecerse límites precisos a partir de los cuales no es posible mantener la amistad, porque incluso privada de muchas cosas puede subsistir; pero sin duda no puede cuando la distancia es muy grande, como ocurre entre los dioses y los hombres. De ahí que se haya planteado la pregunta de si, pese a que los amigos quieran lo mejor para sus seres queridos, realmente pueden desear, por ejemplo, que se conviertan en dioses, ya que ello los condenaría a perder su amistad. Así pues, si bien es cierto que deseamos lo mejor al amigo por su propio bien, es preciso añadir que también queremos que siga siendo el mismo, de modo que nunca desearemos nada que implique que deje de ser humano: no podemos querer lo mejor para el amigo sin excepción, pues en general cada uno desea lo mejor ante todo para sí mismo.

8

Casi todo el mundo peca de jactancia y prefiere ser amado que amar. De ahí el éxito de los aduladores, amigos inferiores o que fingen serlo y amar más de lo que son amados. Sin duda el amor y la admiración parecen ir de la mano, pero muchos tan sólo desean causar admiración por sus efectos. Por ejemplo, la mayoría desea el reconocimiento de los más privilegiados porque lo toma por un signo de los favores que le cabe esperar en el futuro y confía en que se le concederá lo que pida cuando lo necesite. En cambio, cuando deseamos obtener la admiración de los virtuosos y los sabios queremos confirmar la buena opinión que tenemos de nosotros mismos. Nos halaga que reconozcan nuestra virtud personas en cuyo juicio confiamos, pero también nos satisface el mero hecho de ser amados, de modo que puede decirse que preferimos el afecto a la admiración, y que la amistad nos resulta deseable por sí misma.

No obstante, la amistad consiste más en amar que en ser amado, y buena prueba de ello es el amor materno. Muchas madres, tras verse forzadas a abandonar a sus hijos, los siguen amando por el simple hecho de ser suyos, sin ni siquiera poder confiar en que lleguen a quererlas nunca, ya que jamás las conocerán; sólo piden ver a sus hijos crecer sanos, y los quieren de corazón, aunque jamás podrán recompensarlas con su afecto, porque nunca sabrán que son sus madres.

Puesto que la amistad consiste más en amar que en ser amado, y puesto que quienes aman a sus amigos nos parecen dignos de elogio, diríase que amar es la principal virtud de los amigos, y cuando el afecto es acorde al mérito de cada parte la amistad es sólida y duradera. Por eso personas muy dispares pueden ser amigas, ya que su mutuo afecto las iguala. En efecto, igualdad y semejanza caracterizan la amistad, sobre todo cuando hay semejanza en la virtud, pues cada cual, al ser fiel a sí mismo, también lo será al otro, y ninguno cometerá vilezas ni pedirá al amigo que las cometa, incluso se impedirán mutuamente cometerlas, porque las personas virtuosas tratan de no envilecerse y de evitar que sus amigos se envilezcan. Las malas personas, en cambio, no son fieles ni siquiera a sí mismas, cambian constantemente, y poco duran sus amistades, que consisten tan sólo en compartir su mutua bajeza.

Los amigos a los que une el interés o el placer duran mientras cada uno puede obtener del otro algún provecho o placer. La amistad interesada parece darse sobre todo a causa del contraste, por ejemplo, entre el pobre y el rico o el ignorante y el sabio, porque cuando carecemos de algo que deseamos estamos dispuestos a dar otra cosa para obtenerlo. En esta clase de amistad podría incluirse la relación entre el amante feo y el amado bello, que tan ridículo vuelve al primero, convencido de que merece el mismo amor que profesa. Sin duda podría exigirlo si fuera tan digno de amor como su amado, pero es absurdo que quien carece de atractivo pida reciprocidad.

Asimismo, tal vez ni siquiera es cierto que deseamos lo opuesto por la oposición en sí misma, sino tan sólo por accidente, ya que, en realidad, el deseo tiende al término medio, pues sólo éste es realmente virtuoso. Por ejemplo, en otro orden de ideas, lo seco no tiende a su opuesto, que sería lo húmedo, sino a un estado intermedio; y lo mismo puede decirse de lo cálido y demás. Pero más vale no entrar en esta materia, demasiado ajena al tema que nos ocupa.

9

Como hemos dicho al principio, la amistad y la justicia conciernen a un mismo tipo de actos y se aplican a las mismas personas. En cualquier grupo humano interviene alguna clase de justicia y de amistad. Así, consideramos amigos a quienes navegan con nosotros o combaten en nuestro bando y, en suma, a los que forman parte de cualquier otra asociación: no existe comunidad humana sin justicia y amistad. Es muy cierto el refrán «entre amigos, todas las cosas son comunes», porque la amistad se basa en la comunidad y consiste en compartir. También lo comparten todo los hermanos e incluso los camaradas, mientras que en otro tipo de lazos las posesiones de cada cual están más o menos separadas según el grado de amistad.

También varía lo que se considera justo en cada caso. No son iguales los deberes de un padre hacia sus hijos que los de los hermanos entre ellos, ni los deberes de los compañeros que los de los ciudadanos, y así sucesivamente con el resto de amistades. De modo que existen diversas formas de injusticia según las clases de amistad, y la injusticia aumenta cuanto mayor sea la amistad: es más grave defraudar dinero a un compañero que a un ciudadano, negarle ayuda al hermano que a un extraño o pegar al padre que a cualquier otro. Es natural que los deberes que impone la justicia aumenten cuanto mayor es la amistad, porque la amistad y la justicia, como se ha dicho, conciernen a un mismo tipo de actos y se aplican a las mismas personas.

Ahora bien, todas las comunidades particulares son parte de una gran comunidad política, ya que los hombres se asocian para satisfacer algún interés general y cada cual obtiene de la comunidad una parte de lo que es útil para su propia existencia. Sin duda, el bien común no sólo explica el origen de la comunidad política, sino también su pervivencia, de ahí que sea la principal preocupación de los legisladores, que definen la justicia como lo que contribuye al bien común.

Las comunidades particulares sólo pueden satisfacer parcialmente el interés general, por ejemplo, los navegantes que viajan para obtener riquezas o con otros fines, los soldados que combaten confiando en el botín o en la conquista de una ciudad, y los miembros de una tribu o de un Estado. El propósito de algunas comunidades parece ser el placer, por ejemplo las cofradías de adoración en las que se celebra un sacrificio o los festines en los que cultivar el trato con otros. Pero en cualquier caso se inscriben en la comunidad política, que no persigue únicamente un interés puntual, sino el beneficio de todos los ciudadanos. Al reunirse para celebrar sacrificios, los hombres no sólo honran a los dioses, sino que disfrutan de un placentero tiempo de recreo. Antiguamente, los sacrificios y festines se celebraban después de la ofrenda de primicias con ocasión de la cosecha del grano y los frutos, en los meses de mayor holganza.

En conclusión, puesto que todas las comunidades particulares están subordinadas a la comunidad política, las formas de amistad entre los miembros de cada comunidad se corresponderán con el carácter de ésta.

10

Hay tres formas de gobierno, con sus respectivas desviaciones o degeneraciones. Las formas de gobierno son la monarquía, la aristocracia y una tercera basada en un censo más o menos exhaustivo de propiedades, que debería denominarse timocracia pero suele llamarse república.[1]

[1] El término *timocracia* aparece por primera vez en *La república* de Platón: en la filosofía política de la Antigüe-

La mejor es la monarquía y la peor, la timocracia.

La desviación de la monarquía es la tiranía: aunque ambas son monarquías, no se parecen en nada, ya que el tirano sólo vela por su interés, mientras que el rey vela por el de sus súbditos. El verdadero rey se basta a sí mismo y supera a todos en bienes y atributos. Como no tiene necesidad de nada, no se preocupa por sus intereses, sino por los de sus súbditos. Y el rey que carece de esta virtud tan sólo lo es por azar. En este sentido, la tiranía es lo contrario de la monarquía, porque el tirano persigue únicamente su propio beneficio, de ahí que sea sin duda la peor desviación, pues es lo contrario de la mejor forma de gobierno.

La monarquía degenera, pues, en tiranía, que es su forma envilecida y hace del mal rey un tirano. Asimismo, la aristocracia degenera en oligarquía cuando los gobernantes se corrompen y se reparten ilícitamente la fortuna pública: retienen la totalidad o la mayor parte de los bienes, ocupan todos los cargos públicos y se dedican a enriquecerse olvidando su legítimo de-

---

dad designaba la forma de gobierno en que sólo participan los que poseen determinadas riquezas o propiedades.

ber. Gobiernan entonces unos pocos deshonestos en vez de los ciudadanos más dignos y capaces. Por último, la timocracia suele convertirse en democracia, porque son formas de gobierno muy próximas. Tanto una como otra se basan en el ideal del gobierno de la mayoría, y en la timocracia todos los que están incluidos en el censo de propietarios tienen iguales derechos. La democracia es la menos mala de estas desviaciones, porque apenas se aleja de la timocracia. Éstas son las transformaciones que suelen experimentar las tres formas de gobierno, pues constituyen variaciones de las mismas.

Es posible encontrar semejanzas y, en cierto sentido, modelos de estas formas de gobierno en las familias. En efecto, la comunidad del padre y los hijos presenta la forma de la monarquía, pues el padre cuida de los hijos, por eso Homero llama a Zeus «padre de los hombres y de los dioses». De hecho, el ideal de la monarquía es el poder paterno. Sin embargo, entre los persas, el padre es tiránico y trata a los hijos como esclavos. También el poder del amo de una casa sobre sus esclavos es tiránico, porque prima su interés, pero mientras que en este caso es legítimo, el poder del padre persa sobre sus hijos es una perversión, puesto que la autoridad sobre distintos tipos de personas también debe ser distinta.

La comunidad de marido y mujer presenta la forma de la aristocracia, porque el primero manda en razón del mérito, es decir, controla los asuntos que le corresponden, y deja a la mujer las tareas propias de su sexo. Sin embargo, cuando el marido lo controla absolutamente todo, el matrimonio se convierte en oligarquía, porque el esposo no actúa conforme al mérito, es decir, el control no está basado en su superioridad. Asimismo, en ocasiones son las mujeres las que lo controlan todo, cuando son ricas herederas, pero tampoco en estos casos la autoridad se basa en el mérito, como en la aristocracia, sino en la riqueza y el poder, exactamente igual que en las oligarquías.

La comunidad de hermanos es semejante a una timocracia, porque son iguales, si bien la diferencia de edad entre ellos produce una desigualdad en la autoridad de cada uno. De ahí que, cuando esa diferencia es muy grande, la amistad entre ellos no pueda ser fraternal. En cuanto a la democracia, podemos reconocerla sobre todo en los hogares sin un amo, donde todos los miembros son iguales, y también en las casas en que la autoridad es débil y cada cual se conduce como quiere.

II

En cada una de estas formas de gobierno la amistad y la justicia reinan en la misma medida. Así, la amistad entre el rey y sus súbditos está determinada por la superioridad del primero, que le permite beneficiarlos mucho más de lo que pueden beneficiarlo a él. Cuando el rey es bondadoso cuida de sus súbditos y vela por su bienestar como el pastor que cuida del rebaño, por eso Homero llama a Agamenón «pastor de hombres».

La amistad entre el padre y los hijos es de la misma clase, si bien otorga mayores obsequios que el rey a sus súbditos, porque da a sus hijos la vida, que es sin duda el mayor don, además de brindarles alimentación y educación, como antes hicieron sus ancestros. El poder del padre sobre los hijos, de los ancestros sobre sus descendientes y del rey sobre sus súbditos es natural. Estas tres formas de amistad implican, pues, superioridad, por eso honramos a los padres.

Como ocurre con el afecto, tampoco la justicia es igual en ambas partes, sino proporcional al mérito de cada una.

La amistad entre marido y mujer, como en la aristocracia, está determinada por la virtud de cada cual: el más virtuoso recibe más, y cada cual obtiene lo que le corresponde; y el mismo criterio se aplica en lo que se refiere a la justicia entre ambos. La amistad de los hermanos es como la camaradería: son iguales y de similar edad, y por ello suelen tener costumbres e intereses parecidos. Asimismo, también la timocracia constituye una forma de amistad parecida a la camaradería, ya que se basa en el ideal de que todos los ciudadanos son iguales y virtuosos, de modo que gobiernan por turnos y están en igualdad de condiciones.

No obstante, en las desviaciones de estas formas de gobierno no sólo se ve menoscabada la justicia, sino también la amistad. Esto es particularmente evidente en la peor de las desviaciones, la tiranía, en la que apenas existe amistad entre el gobernante y los gobernados: cuando no existe nada en común entre un dirigente y sus súbditos tampoco hay amistad ni, de hecho, justicia. La relación se parece a la del artesano con sus herramientas, la del alma con el cuerpo o la del amo con el esclavo. Sin duda todas estas cosas son útiles a quienes se sirven de ellas, pero es tan difícil profesar amistad o hacer justicia a un caballo, un buey o incluso un esclavo como a un objeto inanimado, porque en estas relaciones no hay nada en común entre las dos partes. En efecto, un esclavo es un instrumento animado, y un instrumento no es más que un esclavo inanimado. Como esclavo, no puede existir amistad entre él y su amo, pero como hombre sí. Solemos considerar que existe cierta justicia entre el ciudadano y cualquier otra persona que forme parte de una comunidad regida por leyes o por pactos, de modo que es posible tener amistad con un esclavo en la medida en que es un hombre.

Así pues, en las tiranías apenas existen amistad ni justicia, mientras que en las democracias se dan con mayor plenitud, porque cuando los ciudadanos son iguales tienen muchas cosas en común.

12

Como se ha dicho, no hay amistad sin comunidad. Pero podríamos distinguir las amistades entre familiares o camaradas de las demás. La amistad entre conciudadanos, miembros de la misma tribu, navegantes u otras agrupaciones parecidas se basa en una comunidad de intereses, porque se establece mediante ciertos acuerdos. En este sentido, podría considerarse del mismo tipo la relación entre anfitrión y huésped.

Dentro de las amistades familiares también pueden distinguirse varias especies, aunque todas dependen del afecto paterno. Los padres aman a sus hijos como parte de ellos mismos, y los hijos aman a los padres porque les deben lo que son. Ahora bien, los padres conocen a sus hijos mejor que éstos a sus padres, y están más vinculados a su progenie que ésta a sus progenitores, porque el ser que da la vida se siente más íntimamente unido a lo engendrado que el que recibe la vida a quien se la da. La criatura pertenece a quien la ha engendrado como una parte de su cuerpo—por ejemplo, los dientes o el cabello—, mientras que el progenitor no pertenece al hijo, o sólo en menor medida. Además, los padres aman a los hijos desde que nacen, mientras que los hijos aman a los padres al cabo del tiempo, cuando adquieren la capacidad de comprender o al menos de discernir mediante los sentidos, y de ahí que las madres amen más a los hijos que los padres. Los progenitores, por lo tanto, aman como a sí mismos a los hijos, que son como sus dobles, si bien tienen una existencia separada, mientras que los hijos aman a los progenitores porque les han dado la vida.

El amor de los hermanos se debe a que han nacido de los mismos padres. Tener un mismo origen los iguala y produce un afecto común, de ahí expresiones como «ser de la misma sangre», «tener las mismas raíces» y otras similares. De hecho, los hermanos son en cierto modo un mismo ser en personas separadas. Además, criarse juntos y tener edades similares contribuye en buena medida a estrechar el vínculo entre ellos, porque el roce hace el cariño y la misma edad favorece la amistad, de ahí que la relación fraternal se parezca a la camaradería.

También en el caso de los primos y otros grados de parentesco el afecto se debe al sentimiento de pertenecer a un tronco común y proceder de un mismo origen. Según la mayor o menor proximidad con el primer antepasado común el vínculo de afecto será más o menos estrecho.

El amor de los hijos a los padres, como el de los hombres a los dioses, es una inclinación a lo bueno y superior. Los padres y los dioses nos han concedido los mayores obsequios: a ellos les debemos primero la existencia, y luego la crianza y la educación. Y si el afecto entre parientes resulta en general más placentero que el afecto con extraños es porque sus vidas tienen más en común.

La amistad entre hermanos presenta las mismas características que la camaradería, y se intensifica particularmente cuando son bondadosos y afines. La razón de que el afecto entre hermanos sea tan vivo es que conviven desde la tierna infancia, son hijos de los mismos padres y comparten costumbres y valores, ya que su crianza y educación son las mismas. Se trata de un vínculo sólido porque está sometido a la exigente prueba del tiempo.

En otros grados de parentesco la amistad varía en función de la proximidad con respecto al antepasado común.

El vínculo entre marido y mujer parece deberse a un instinto natural. El hombre se siente más inclinado por naturaleza a unirse a una pareja que a sus iguales en una comunidad política: el hogar es anterior a la ciudad, que no puede existir sin él. Como en el resto del reino animal, el vínculo reproductivo es más universal que otras formas de comunidad. No obstante, mientras que el resto de animales sólo se unen con vistas a la reproducción, los seres humanos lo hacen también para satisfacer otros aspectos de la vida. De ahí que la función natural del hombre y la mujer sean distintas de partida, y se complementen mutuamente al poner sus cualidades particulares al servicio del bien común. La diversa naturaleza de lo que cada uno aporta explica que su amistad les brinde utilidad y placer a un tiempo. Además, cuando marido y mujer son bondadosos, el motivo de la amistad puede ser incluso la virtud, pues si ambos tienen su propia virtud cada cual podrá deleitarse en la del otro. Asimismo, los hijos constituyen un lazo entre los cónyuges, de ahí que sea más fácil separarse cuando no hay hijos, que son un bien común de los esposos; y compartir, como se ha dicho, une a las personas.

Ahora bien, preguntar cómo deben vivir marido y mujer, o los amigos en general, es exactamente lo mismo que preguntar cuál es el comportamiento más justo en cada relación, ya que no debemos el mismo trato al amigo que al extranjero, ni al compañero que al condiscípulo.

13

Como hemos dicho al principio, existen tres clases de amistad, y en cada una de ellas los amigos pueden estar en plano de igualdad o uno ser superior al otro. Así pues, no sólo quienes son igualmente virtuosos pueden ser amigos, sino también la buena persona con otra no tan buena, y lo mismo vale para las amistades basadas en el placer o la utilidad: las partes pueden obtener los mismos beneficios o distintos. Cuando los amigos son iguales también deben profesarse el mismo afecto, bondad, utilidad y placer, mientras que entre los amigos desiguales el afecto y lo demás deben compensar la superioridad de uno de ellos.

Evidentemente, las quejas y los reproches se producen siempre, o casi, en las relaciones motivadas por la utilidad. Las personas cuya amistad se basa en la virtud sólo aspiran a tratar bien al otro y ser mutuamente beneficiosas, como corresponde a la amistad perfecta. En la medida en que sólo compiten en ese terreno no hay razón para los reproches ni las quejas. A nadie le disgusta que otro sea afectuoso y lo considere amigo, y si es una persona amable se desquitará tratando a su benefactor con la misma bondad. Ni siquiera si uno de los dos es superior al otro tendrá reproches, porque si ambos aspiran a la virtud también el más aventajado recibirá un trato bondadoso.

Tampoco habrá demasiadas quejas en las amistades basadas en el placer, porque ambas partes obtendrán lo que desean si disfrutan estando juntos. Sería absurdo que uno reprochara al otro no obtener placer de su amistad, ya que nada lo obliga a mantenerla.

En cambio, la amistad interesada sí suele dar lugar a quejas y reproches, porque quien se une pensando en el propio beneficio siempre quiere obtener el máximo, está convencido de dar más de lo que recibe, y lamenta no conseguir todo lo que desea y cree merecer por derecho. Así pues, no es posible satisfacer las ilimitadas exigencias del amigo interesado.

Del mismo modo que existen dos clases de justicia, una no escrita y otra establecida por ley, también en las relaciones interesadas podemos distinguir un vínculo moral y otro legal. Los reproches surgen sobre todo cuando las partes disuelven el vínculo porque entienden de un modo distinto en qué consiste la amistad que los unió en origen. El vínculo legal, basado en términos establecidos, es en ocasiones meramente comercial, como una especie de trueque, y en otras ocasiones más liberal, por ejemplo cuando se pacta la devolución de algo en un determinado plazo, pero en ambos casos existe un acuerdo que establece un intercambio: queda clara la deuda y no admite disputas. En el segundo caso, cuando se acepta una devolución aplazada, cabe suponer confianza entre las partes, de ahí que en ciertas comunidades no existan disposiciones legales para dirimir los conflictos en tales casos: se considera que quienes aceptan una devolución aplazada deben asumir las consecuencias de la confianza.

En las relaciones interesadas de tipo moral los términos del vínculo no están establecidos, sino que una parte ofrece a la otra un objeto o un servicio, como si fueran amigos, si bien espera obtener a cambio lo mismo que ha ofrecido, o más, porque no se trata de un obsequio, sino más bien de un préstamo. Y si al concluir la relación tiene menos que cuando la inició se quejará. Esto sucede a menudo porque, aunque todos o la mayoría aspiremos a lo más noble, escogemos casi siempre lo provechoso: ser bondadoso sin esperar nada a cambio es noble, pero recibir algo a cambio es ventajoso.

En la medida de lo posible, uno debe devolver lo recibido y hacerlo de buena gana. Es absurdo hacerse amigo de otro de mala gana, y quien así obre tendrá que reconocer que cometió un error, pues no debería haber aceptado nada si no está dispuesto a corresponder. Por lo tanto, si el benefactor no es un amigo es preciso saldar la deuda contraída con él como si existieran unos términos establecidos. Uno debe devolver la cantidad que habría aceptado pagar si hubiera pactado el intercambio, porque no cabe suponer que el benefactor esperase recibir una cantidad que uno no puede pagar. Siempre que sea posible, pues, debemos devolver lo que nos han ofrecido, y es preciso examinar quién es la persona que nos ofrece algo y en qué términos se propone beneficiarnos para saber si conviene aceptar o no.

Existen distintas opiniones sobre cómo establecer el valor de una deuda: ¿debe tomarse como referencia lo que obtiene el beneficiario o la generosidad del benefactor? El beneficiario suele decir que lo recibido no tiene ninguna importancia para su benefactor y que podría haber obtenido la misma ayuda de otros, desmereciendo así el favor que le han hecho. Por el contrario, el benefactor piensa que lo que ofreció era importantísimo y que nadie más habría estado dispuesto a ayudar al agraciado en las penosas circunstancias en las que se encontraba. Pero, tratándose de una amistad interesada, ¿no debería tomarse como referencia lo que obtiene el beneficiario? Precisamente su necesidad ha dado lugar al vínculo, y sin duda cuando el benefactor le ofrece ayuda espera una contrapartida equivalente. En consecuencia, el favor prestado debe valorarse a partir del beneficio que obtiene el favorecido, que tendrá que devolver al menos lo mismo que obtuvo, y si devuelve más será todavía más noble.

En la amistad basada en la virtud no hay quejas ni reproches, porque lo único que cuenta es la intención de quien da: en materia de virtud, lo determinante es la libre decisión de los propios actos.

14

También pueden surgir diferencias en las amistades desiguales en las que una de las partes es superior a la otra. Cuando cada cual cree merecer más de lo que recibe se produce la desavenencia, y el vínculo no tarda en romperse. En la amistad basada en la virtud, el más bondadoso está convencido de merecer más, porque le corresponde por mérito. Y una reflexión parecida hace la persona más útil en las amistades interesadas: considera con razón que el hombre que no presta ningún servicio no debe recibir lo mismo que él; si las ventajas de la amistad no son proporcionales al valor de lo que cada parte da, más que de amistad se trata de un servicio público gratuito. Piensan de este modo porque conciben la amistad como un intercambio comercial en el que quien más invierte más debe ganar. Naturalmente, en este tipo de intercambios el más necesitado, que se encuentra en situación de inferioridad, arguye lo contrario: el deber del buen amigo es ayudar a quien lo necesita; ¿qué sentido tiene la amistad con un hombre virtuoso o poderoso si nada se obtiene de ella?, se pregunta.

En realidad, ambos tienen razón, porque efectivamente cada uno tiene derecho a obtener más de la amistad, aunque no más de lo mismo: el superior debe recibir más honor y el otro, mayor provecho, porque el honor es la recompensa del virtuoso o del benefactor, mientras que la del necesitado es la ayuda material.

Este principio rige en la administración de los Estados: no se rinden honores a los ciudadanos que no aportan nada a la comunidad. El favor público sólo se concede al hombre del que la sociedad ha recibido servicios, y el honor es la recompensa pública. No es posible obtener lucro y honor de la comunidad, porque en tal caso ésta daría más de lo que recibe. Así pues, se tributan honores a quienes han aportado algo impagable y están dispuestos a perder riqueza; y se paga con dinero a quienes lo necesitan a cambio de los servicios prestados a la comunidad. Como se ha dicho, la igualdad tiene que ver con reconocer a cada cual lo que corresponde a su mérito, y de ella depende la amistad.

Así pues, éste es el principio que gobierna las relaciones desiguales: quien recibe dinero o bondad debe rendir honor a su benefactor, porque no puede corresponder de otro modo y, a diferencia de la justicia, la amistad no exige devolver lo que el otro merece, sino tan sólo lo que uno puede.

De hecho, en ciertos casos ni siquiera es posible hacer justicia al mérito de quienes son superiores. Es lo que ocurre con los dioses y los padres: nadie podrá igualar jamás lo que obtiene de ellos, pero quien los adora y venera en la medida de sus posibilidades cumple con su deber y es virtuoso. Esta asimetría explica que nos parezca inaceptable que el hijo reniegue del padre, pero no que éste repudie al hijo. Como se ha dicho, debemos saldar nuestras deudas cuando es posible, pero como el hijo jamás puede hacer por el padre nada equivalente a lo que éste ha hecho por él, siempre estará en deuda. Por el contrario, el acreedor tiene efectivamente la facultad de condonar la deuda, y eso hace el padre que repudia al hijo. Sin embargo, pocos padres se desentienden de un hijo salvo si éste es irremediablemente malvado. Dado el afecto natural de los padres, es contrario a la humana naturaleza negar ayuda al hijo que la necesita. En cambio, si el hijo es malvado se desentenderá del padre o tan sólo lo ayudará de mala gana, porque la mayor parte de los hombres desean ser obsequiados, pero evitan hacer obsequios si no les procuran nada.

Queda dicho y por el momento basta.

II

I

En todas las amistades asimétricas, como hemos visto, lo que contribuye a preservar el vínculo es la compensación de la disparidad. Por ejemplo, en las relaciones entre ciudadanos, el zapatero recibe una retribución acorde al valor de los zapatos que produce, lo mismo que el tejedor u otros artesanos. Pero en estos intercambios existe una medida común, el dinero, a la que se remiten las transacciones y el valor de las cosas.

Como no existe nada parecido en las relaciones de afecto, quien ama se queja a veces, pese a no ser demasiado atractivo, de no ver correspondido su inmenso amor. Por su parte, la persona amada también se queja en ocasiones de que quien decía amarle le prometió todo, mas no ha cumplido ninguna de sus promesas. Estas situaciones se producen cuando el motivo del enamorado es el placer y el del amado la utilidad, porque ninguno consigue lo que deseaba. Si la amistad depende del placer y la utilidad, se romperá inevitablemente cuando cada parte descubra que no puede obtener lo que esperaba al iniciarla, porque no amaban al otro por sí mismo, sino por ciertos atributos pasajeros que convierten pasajera la amistad misma. La única amistad duradera, insisto, es la que se basa en la afinidad y la virtud.

De modo que las disputas se producen cuando las partes reciben algo diferente a lo que desean, y sienten que no han obtenido nada, como ilustra la fábula del tirano y el citarista. El tirano promete al músico que cuanto mejor toque mayor será su recompensa, pero cuando, tras tocar toda una noche, el citarista pide al tirano que cumpla su promesa, éste le contesta que soñando con la recompensa ha obtenido tanto placer como él escuchándolo, de modo que le ha pagado el placer con placer. Sin duda sería un final satisfactorio si cada uno de los personajes hubiera deseado obtener placer, pero como uno quería deleitarse y el otro esperaba algún beneficio tangible, el intercambio es insatisfactorio. Solemos anhelar lo que nos falta, y sólo a condición de obtenerlo estamos dispuestos a dar algo que tenemos.

Pero ¿a quién le corresponde establecer el precio del servicio, al que lo hace o al que lo recibe? Es cierto que quien presta un servicio puede confiar en la generosidad de la otra parte. Según cuentan, eso hacía Protágoras: cuando enseñaba sobre cualquier materia pedía al alumno que pusiera precio a lo aprendido y solía aceptar lo que le ofrecían. Pero no todo el mundo está de acuerdo con esta forma de proceder, y para resolver casos similares hay quien cita la máxima: «Paga siempre un jornal justo al amigo».[1]

Naturalmente, también se exponen a las quejas quienes cobran por adelantado y luego, como prometieron mucho más de lo que pueden dar, no hacen nada. Es posible que los sofistas se vean obligados a obrar así porque nadie estaría dispuesto a pagarles por lo que realmente enseñan.

Pero cuando no media un contrato que establezca los términos del intercambio, los que hacen favores a sus amigos no tienen nada que reprochar, como ya he dicho. Lo propio de la amistad basada en la virtud es que no tienen cabida los reproches: debemos devolver de acuerdo con la intención de nuestro benefactor, no con el

[1] Hesíodo, *Trabajos y días*, 370.

beneficio puntual que obtenemos de él, ya que la medida de la verdadera amistad es la intención, es decir, la virtud.

El mismo criterio debería orientar las relaciones de quienes se dedican al estudio de la filosofía, porque el valor de tal saber no puede pagarse con dinero. Tampoco es posible para el alumno igualar lo que el maestro le ofrece, de modo que deberá limitarse a honrarlo en la medida de sus posibilidades, como a los dioses y a los padres.

Pero cuando el intercambio no es tan desinteresado, sino que tiene un propósito, es necesario corresponder conforme a lo que ambas partes consideran adecuado. Si no se cumple este acuerdo, no sólo será necesario, sino también justo, que quien se ha beneficiado del intercambio establezca el valor de lo que ha obtenido, pues sólo él puede saberlo; y si está dispuesto a devolver los beneficios o el placer que considera haber obtenido, la restitución será perfectamente justa. Éste es, de hecho, el criterio que se emplea en el comercio para establecer el precio de las mercancías que se ofrecen en el mercado.

En algunos Estados las leyes prohíben llevar a los tribunales los casos de contratos voluntarios, porque se considera que quien en su día hizo un acuerdo basado en la confianza debe resolver los conflictos causados por ese acuerdo en los mismos términos de mutua confianza. Y, de hecho, la ley considera más justo que fije el valor de lo adeudado el deudor que el prestatario, porque habitualmente el valor que da a una cosa quien la posee es distinto del que le da quien la desea. Sin duda, para el propietario el bien que se dispone a entregar es muy valioso, pero en el intercambio la persona que va a adquirirlo establece cuánto vale. Seguramente, el valor de las cosas no es el que les damos cuando son nuestras, sino el que les dábamos antes de poseerlas.

2

Consideremos ahora otras preguntas: ¿hay que asentir siempre con el padre y obedecerlo en todo?, ¿no es mejor obedecer al médico cuando estamos enfermos, o designar general al militar más experto? O también, ¿debe favorecerse al amigo antes que al hombre virtuoso?, ¿es más importante devolver el favor a un benefactor que hacer un obsequio a un compañero, si tenemos que elegir?

No es fácil responder a estas preguntas de un modo preciso, porque cada una plantea casos de distinta importancia, nobleza y necesidad. Pero parece claro que no podemos obedecer en todo a una sola persona, y que en general conviene más honrar al hombre virtuoso que complacer a un compañero, o devolver los favores recibidos que obsequiar a un compañero. Sin embargo, tal vez ni siquiera siempre pueda aplicarse este criterio. Por ejemplo, supongamos que un hombre ha sido capturado, pero alguien paga su rescate y lo libera: ¿quedará obligado de por vida a liberar en caso necesario a quien lo liberó, con independencia de quién sea? ¿Deberá devolverle el dinero del rescate, en caso de que se lo pida? Supongamos ahora que también el padre de ese hombre ha sido capturado: ¿no deberá liberarlo primero, ya que hay que favorecer al padre antes incluso que a uno mismo?

Como hemos dicho, la regla general recomienda pagar las deudas, pero si haciendo un regalo obramos de un modo más noble o más necesario debemos escoger esta opción sin dudar. Porque en ocasiones ni siquiera es justo que el benefactor reclame que se le devuelva el favor, por ejemplo cuando favorece a un hombre virtuoso pensando en la ventaja que podrá obtener, ya que en tal caso el virtuoso quedaría obligado con un simple granuja. Tampoco es siempre obligatorio prestar dinero a quien nos los prestó: cuando el avaro presta al virtuoso sabe que éste se lo devolverá, mientras que el virtuoso no puede confiar del mismo modo en el avaro. Si el benefactor es realmente un granuja, su exigencia de que el virtuoso le pague el favor no será justa; y si no lo es realmente, basta que a los hombres virtuosos se lo parezca para que no juzguemos que se ha obrado injustamente.

Pese a que, como he dicho, las discusiones sobre los sentimientos y los actos son tan variadas como los casos a los que se aplican, está bastante claro que no todo el mundo merece la misma generosidad, y que no hay que obedecer en todo al padre, del mismo modo que no todos los sacrificios se hacen a Zeus. Puesto que no debemos lo mismo a los padres que a los hermanos, ni a los compañeros que a los benefactores, tenemos que establecer lo que corresponde y conviene en cada caso. Y, en efecto, eso es lo que solemos hacer: a las bodas, por ejemplo, invitamos a los parientes, porque forman parte de la familia y comparten los asuntos relacionados con ésta;

por las mismas razones, tampoco podemos faltar a los funerales de nuestros allegados. Lo mismo vale para los cuidados: se los debemos sobre todo a los padres, porque ellos cuidaron de nosotros y porque es más noble cuidar de quien nos dio la vida que de uno mismo. También les debemos el mayor respecto, igual que a los dioses, aunque con matices, ya que no respetamos igual al padre que a la madre; ni al padre igual que a un sabio o a un general, sino que sentimos por cada cual el debido respeto. Asimismo, se honra a los ancianos mediante ciertos gestos—como incorporarse para saludar cuando llegan a un lugar o cederles el asiento—destinados a mostrar el merecido respeto a su longeva edad. En cuanto a los compañeros y los hermanos, tenemos que ser sinceros y estar dispuestos a compartirlo todo con ellos.

De modo que en cada caso hay que tratar de conceder lo que corresponde a cada cual según si es pariente, miembro de nuestra tribu o conciudadano, y determinarlo según el grado de parentesco, de virtud o de utilidad. Es más fácil establecerlo cuando el vínculo es simétrico que cuando es desigual, pero no por ello renunciaremos a distinguir todos los matices que sea posible.

3

Otra cuestión espinosa es si debe romperse o conservarse la amistad con los amigos que ya no son como cuando los conocimos. En el caso de amigos a los que unió el mero interés o el placer no es extraño que rompan cuando los motivos dejan de existir: se unieron porque obtenían algún beneficio o placer, y cuando dejan de obtener una cosa u otra no hay motivo para la amistad. Lo único de lo que cabría quejarse es de que alguien hubiera fingido amar de veras, aunque su único motivo fuera el placer o la utilidad (como se ha dicho al comienzo de este segundo libro, las disputas entre amigos suelen producirse cuando los motivos de cada uno son distintos y cada cual espera algo diferente de la amistad). Quien supone que el amigo lo quiere por su carácter sin que éste haga nada para hacerle creer tal cosa, sólo podrá culparse a sí mismo de haberse equivocado. Pero si el supuesto amigo lo engaña deliberadamente puede acusarlo de ser peor que el falsificador de moneda, porque su delito atenta contra algo más precioso que el dinero.

Supongamos, no obstante, que un hombre hace amistad con otro al que considera virtuoso, pero termina volviéndose malvado, o simplemente se lo parece: ¿podrá seguir queriéndolo?, ¿no será imposible, ya que no todo merece ser amado, sino tan sólo lo bueno?, ¿y no sería además un error, puesto que ni quiere ni debe amar al malvado? Hay que rehuir a las malas personas para evitar parecerse a ellas, porque, como se ha dicho, la amistad es igualdad.

¿Debería entonces romperse de inmediato la amistad? ¿O sólo si el amigo se ha vuelto irremediablemente malvado? Si es capaz de corregirse, el deber de apoyarlo es aún más imperioso que el de ofrecer ayuda económica, porque la bondad es mucho más valiosa que el dinero y preocuparse por ella, más digno de la amistad. Con todo, no siempre será injusto romper: si cuando se inició la amistad no poseía el amigo esa característica que ha desarrollado con el tiempo, pero no es posible ayudarlo a corregirse, haremos bien en distanciarnos de quien tanto ha cambiado.

Supongamos ahora el caso de dos amigos, uno de los cuales no cambia, mientras que el otro se vuelve mejor y termina superando al primero en virtud: ¿deberá mantener la amistad o le será imposible? Este problema resulta muy evidente cuando la distancia es muy grande, como sucede con los amigos de la infancia: si uno sigue siendo inmaduro mientras que el otro se convierte en un hombre hecho y derecho, ¿cómo podrán seguir siendo amigos si ya no les gustan las mismas cosas, ni comparten penas y alegrías? A falta de afinidades, apenas pasarán tiempo juntos, de modo que, como ya hemos dicho, no podrán profesarse esos sentimientos sin los que no existe amistad. Entonces, ¿hay que tratar a esos amigos como si nunca los hubiéramos querido? Tal vez no deberíamos olvidar la intimidad que nos unió a alguien en el pasado, y del mismo modo que somos más indulgentes con los amigos que con los extranjeros, también debemos una consideración especial a los viejos amigos, salvo si rompimos con ellos por culpa de su excesiva maldad.

4

Las muestras de afecto que caracterizan las diversas relaciones de amistad parecen tener su origen en la relación con uno mismo. Consideramos amigo a quien nos quiere y desea lo mejor para nosotros (o lo que le parece mejor); o bien a quien nos desea larga vida y felicidad únicamente por nuestro propio bien. Ése es, de hecho, el afecto desinteresado de las madres hacia los hijos, y de los amigos que se reconcilian después de un desencuentro. También se dice que el amigo es quien convive con nosotros, tiene los mismos gustos y comparte penas y alegrías, algo igualmente propio de las madres.

Estas características de la amistad también se aprecian en la relación del hombre virtuoso consigo mismo (o de cualquiera que se tenga por buena persona, pero nos referiremos al virtuoso porque sólo él es un modelo moral): es fiel a sí mismo y su alma no está dividida por deseos en conflicto; sólo desea lo que está bien o así se lo parece, y actúa en consecuencia, pues también es propio de su carácter hacer lo que se propone. De modo que obra bien de acuerdo consigo mismo, es decir, de acuerdo con esa parte racional de su naturaleza que constituye la esencia humana y cada persona alberga en su interior.

Así pues, para el hombre virtuoso la existencia es efectivamente un bien, pero en su caso el deseo de vivir y preservarse consiste principalmente en preservar la capacidad intelectual. Como se ha dicho, cada cual desea el bien para sí mismo, pero el hombre de bien jamás elegiría convertirse en otro para alcanzar la bondad (ni siquiera en Dios, que es en todo momento absolutamente bondadoso, ya que eso supondría renunciar a sí mismo, de modo que la bondad adquirida ya no sería propia), sino que deseará el bien mientras no cambie su esencia y siga siendo quien es, y la inteligencia es precisamente la parte más inalterable y esencial del ser humano.

Alguien así disfruta del tiempo que pasa consigo mismo porque le resulta placentero: el recuerdo de sus actos del pasado es agradable, el futuro le parece esperanzador y grato, y su pensamiento siempre le proporciona materia de contemplación. Siente con intensidad sus penas y alegrías, pues sus objetos de pesar y placer son siempre los mismos, no varían a cada momento, como si jamás se arrepintiera de sus actos.

Así, puesto que cada una de estas características definen al hombre virtuoso en su relación consigo mismo y con el amigo, que es como su doble, la amistad se define por alguna de estas características, que son justamente las que presentan los amigos.

No nos ocuparemos de momento de si el amor a uno mismo puede llamarse amistad, aunque podría decirse que sí, en la medida en que presente dos o más de las características mencionadas, y también porque cuando la amistad es muy profunda amamos al amigo como a nosotros mismos.

Con todo, podría parecer que dichas características son muy comunes incluso entre los malvados. ¿Acaso no hay muchos que están satisfechos de sí mismos y se consideran virtuosos? La verdad es que las personas completamente malvadas e impías no poseen ninguna de las características mencionadas, ni siquiera en apariencia. Tampoco las personas medianamente malvadas, en conflicto consigo mismas porque quieren una cosa pero desean otra, y abocadas al desenfreno porque son incapaces de dominarse: en vez de escoger lo que consideran bueno y saben que les conviene, se inclinan por placeres perjudiciales. Otros, por el contrario, se abstienen de hacer lo que les parece mejor y más conveniente por cobardía o por indolencia. Por su parte, quienes han cometido innumerables crímenes y son detestados por su maldad, terminan aborreciendo la vida y quitándosela.

Sin duda, los malvados buscan la compañía de otros con quienes convivir, pero sobre todo huyen de sí mismos. Cuando se quedan solos recuerdan muchas cosas desagradables y anticipan otras parecidas en el futuro, mientras que en compañía de otros pueden olvidarlas. Como no hallan en su interior nada digno de ser amado, no puede quererse, ni compadecerse o regocijarse. El alma del malvado está en constante conflicto: la parte depravada de su naturaleza lamenta tener que abstenerse de hacer ciertas cosas, mientras que la parte bondadosa lo agradece, y como cada una tira en sentidos opuestos se siente desgarrado. Puesto que no es posible gozar y sufrir al mismo tiempo, el malvado termina deseando no haber conocido esos placeres y arrepintiéndose de haber disfrutado.

Es evidente que una persona tan llena de arrepentimiento no puede amarse a sí misma, porque no halla en su interior nada digno de ser amado. Semejante condición resulta tan triste que conviene rehuir la maldad e intentar ser virtuoso, pues sólo así es posible amar a los otros y a uno mismo, y disfrutar de la amistad.

5

La benevolencia se parece a la amistad, pero no es exactamente igual, ya que es posible ser benevolente con desconocidos sin que jamás lo sepan, mientras que, como ya se ha dicho, la amistad requiere que las dos partes conozcan la reciprocidad de sus sentimientos. Tampoco es exactamente igual que el afecto, porque no implica la intensidad ni el deseo que acompañan al afecto. Además, el afecto se produce con el trato, mientras que la benevolencia puede surgir de repente. Un buen ejemplo de ello es el sentimiento que los atletas inspiran en los espectadores, quienes simpatizan con su deseo de ganar, pero no intervienen directamente en su favor, porque, como hemos dicho, se trata de buenos sentimientos momentáneos y de una inclinación superficial.

Así pues, la benevolencia está en el comienzo de la amistad, como el placer de la vista está en el comienzo del amor. En efecto, si no nos seduce la apariencia difícilmente nos enamoraremos, pero eso no basta para enamorarnos: sólo cuando lamentamos la ausencia del otro y deseamos su presencia podemos decir que amamos.

De igual modo, no es posible hacer amistad sin haber experimentado inicialmente benevolencia, pero eso no basta para hablar de amistad: es posible tener buenos sentimientos hacia personas con las que no deseamos compartir nada y por las que no estaríamos dispuestos a tomarnos ninguna molestia. Así, metafóricamente podría decirse que la benevolencia es amistad en potencia, pues con el tiempo y el trato familiar puede convertirse en amistad. No obstante, jamás podrá dar lugar a una amistad basada en la utilidad o en el placer, pues la benevolencia no motiva ninguna de ambas cosas.

En efecto, quien ha gozado del favor de un benefactor muestra su agradecimiento manifestándole buenos sentimientos, lo cual es muy justo, pero quien desea lo mejor a otro porque confía en que le ayude a alcanzar prosperidad no es benevolente, sino interesado, como tampoco es amigo quien cultiva el trato con otro pensando en lo que puede ganar.

En general, el reconocimiento de la virtud ajena (de alguna cualidad admirable como la belleza, la valentía u otras parecidas) inspira benevolencia, como en el caso de los atletas que ya hemos mencionado.

6

La concordia también es un sentimiento amistoso, pues no es meramente la conformidad de opiniones que puede existir entre desconocidos. Tampoco hablamos de concordia para referirnos a quienes coinciden sobre cualquier asunto, por ejemplo, los cuerpos celestes, porque estar de acuerdo en determinadas cuestiones no implica amistad. Decimos que reina la concordia en una ciudad cuando sus ciudadanos están de acuerdo en lo que les conviene, votan las mismas medidas y llevan a cabo lo que han decidido en común. La concordia se refiere, por lo tanto, a cuestiones prácticas importantes que deben satisfacer a todas las partes. Por ejemplo, reina la concordia en la ciudad cuando los ciudadanos decretan por unanimidad que las magistraturas deben ser electas, que hay que aliarse con Esparta o que Pítaco debe gobernar y él está dispuesto a hacerlo.[1] Pero cuando en un Estado cada facción ambiciona el poder, como en

[1] Pítaco, tirano de Mitilene a principios del siglo VI a. C., gobernó durante diez años y dimitió contra el deseo de sus conciudadanos.

Las Fenicias,[1] se impone la discordia. No basta, pues, que todos piensen lo mismo sobre cualquier asunto para que haya concordia, sino que además tienen que estar de acuerdo en cómo ponerlo en práctica, por ejemplo, que el pueblo y los notables decidan que deben gobernar sólo los mejores y todos obtengan así lo que desean. Por lo tanto, la concordia suele entenderse como la amistad entre ciudadanos, porque se refiere a los intereses comunes y a las necesidades de la vida comunitaria.

Ahora bien, la concordia sólo puede darse entre hombres virtuosos, que están de acuerdo consigo mismos y entre sí porque les preocupan las mismas cosas (sus deseos son constantes, no fluctúan como las cambiantes corrientes de un estrecho), persiguen la justicia y hacen causa común para establecerla porque no discrepan entre ellos. En cambio, entre los malvados no es posible la concordia, salvo puntualmente, del mismo modo que no es posible la amistad, porque pretenden obtener muchos más beneficios de los que les corresponden, pero se desentien-

[1] Tragedia de Eurípides que narra el enfrentamiento entre Eteocles y Polinices por el trono de Tebas.

den tanto como pueden de los problemas o los gastos comunes. Como sólo se preocupan por su propio interés, desconfían del vecino, lo espían y le ponen trabas, y el bien común se echa a perder porque nadie lo protege. El resultado es que todos tratan de imponerse la justicia por la fuerza unos a otros, pero nadie está dispuesto a acatarla, y se impone la discordia.

7

En general, los benefactores parecen querer más a sus favorecidos que éstos a ellos, y como esto resulta paradójico suele preguntarse el porqué. La mayoría cree que la razón es que ocurre lo mismo que en los préstamos: el deudor querría que el acreedor desapareciera, mientras que éste no quiere perder de vista a su deudor. Igualmente, los benefactores desean que sus favorecidos sigan vivos para que algún día les agradezcan el favor, mientras que los agraciados prefieren olvidar que están en deuda.

Epicarmo diría que este parecer es propio de quienes miran desde una perspectiva equivocada, pese a que ciertamente olvidar los favores es una debilidad muy humana y la mayoría prefiere recibir que hacer favores. No obstante, la razón de esta debilidad podría hallarse más bien en la naturaleza de las cosas, de modo que estaría fuera de lugar la comparación con los prestamistas, que no quieren perder de vista a sus deudores no porque les tengan afecto, sino tan sólo para cobrar su dinero. En cambio, quienes hacen favores sienten amistad o amor por las personas a las que favorecen, aunque no les resulten útiles en ningún sentido ni probablemente vayan a serlo en el futuro. Por su carácter desinteresado, los benefactores recuerdan a los artistas, que aman sus creaciones más de lo que éstas podrían amarlos jamás en caso de cobrar vida; y en particular a los poetas, que adoran sus poemas como si fueran hijos. Algo parecido ocurre con los benefactores: para ellos la persona favorecida es como su criatura, y la aman más que ésta a su creador. La razón es muy sencilla: la existencia es para cualquiera que esté vivo el don más valioso y amable. Ahora bien, vivir y existir consiste en hacer y actuar, y la obra es una manifestación de la existencia del creador, una realización de su potencia, de modo que es natural que la ame. A ello se añade que el benefactor hace un acto noble, por eso le produce placer el objeto de su benevolencia, mientras que la condición del favorecido no tiene nada de noble, a lo sumo es provechosa, de ahí que le resulte más ingrata y antipática.

El placer puede derivar o bien de un acto en el presente, o bien de la esperanza en el futuro o bien del recuerdo del pasado. Pero sin duda el placer mayor y más deseable es actuar en el presente. Para el benefactor su acto de bondad es duradero, pues la nobleza es memorable, mientras que el provecho que obtiene el favorecido es pasajero. El recuerdo de los actos nobles realizados es placentero, el de las cosas útiles no, o no tanto, exactamente al contrario de lo que ocurre con la esperanza (da más placer anticipar riquezas que actos nobles). Por lo demás, amar es una forma de hacer, y ser amado es una condición pasiva, de modo que el amor y todas sus manifestaciones pertenecen a los más activos. Asimismo, apreciamos más lo ganado con esfuerzo, por eso quienes adquieren por sí mismos su fortuna la valoran más que quienes la heredan. Naturalmente, recibir no requiere el menor esfuerzo, mientras que dar a menudo es muy costoso (por ello las madres aman más a los hijos, porque les cuesta más esfuerzo traerlos al mundo, y porque saben con mayor certeza que son suyos). Todo esto también se aplica a los benefactores.

8

Otra pregunta que se plantea a menudo es si uno debe amarse a sí mismo más que a nadie. Se suele censurar a quienes se aman a sí mismos ante todo, y se los tacha de egoístas para señalar que es un defecto. También es común creer que el malvado lo hace todo pensando únicamente en sí mismo, que cuanto más vil, más egoísta, y que nunca hace nada por los demás. Al hombre virtuoso, por el contrario, sólo le preocupa obrar bien, y cuanto más bondadoso mejor obra, hasta el punto de olvidarse de sí mismo a favor del amigo.

Pero también puede pensarse, como veremos, que los hechos contradicen estas ideas sobre el egoísmo. En efecto, se suele decir que debemos amar sobre todo a nuestro mejor amigo, y que el mejor amigo es el que más sinceramente nos desea lo mejor, aunque nadie llegue a saberlo. Pues bien, todas estas condiciones, así como las demás características que definen la amistad, se cumplen principalmente en la relación de cada cual consigo mismo. Como hemos dicho antes, todo sentimiento de amistad hacia los demás tiene su origen en la relación con uno mismo, y muchos proverbios parecen darnos la razón, por ejemplo: «Dos amigos tienen la misma alma», «El buen amigo en bien y en mal está contigo», «El buen amigo es el espejo en que me miro» o «La amistad es igualdad», que expresan sobre todo la relación de cada cual consigo mismo, porque nadie es mejor amigo que uno mismo. En ese sentido podría decirse que cada cual debe amarse más que a nadie.

Dado que ambos puntos de vista son convincentes, es razonable preguntarse a cuál de los dos conviene atenerse. Para responder quizá baste examinarlos y establecer distinciones entre ellos, es decir, mostrar hasta qué punto y en qué sentido es cierto cada uno. La cuestión podría aclararse explicando qué significa «amarse a sí mismo» en cada caso.

Quienes censuran el amor propio llaman *egoístas* a los que codician todos los placeres, los honores y las riquezas, que son las cosas más disputadas, porque las ambiciona la mayoría, y a ellas les consagran sus esfuerzos. Así pues, los egoístas pugnan por satisfacer sus apetitos y pasiones, es decir, la parte irracional del alma. No obstante, eso es lo que hace el común de los mortales, así que el término *egoísta* denomina ese vulgar comportamiento, y con razón se considera deplorable. Es innegable que sólo se tilda de egoístas a los que ansían satisfacer esas pasiones irracionales: cuando alguien se afana a toda hora en obrar de forma justa, y se consagra en cuerpo y alma a cultivar la virtud, nadie lo considera un egoísta ni lo censura. Sin embargo, podría pensarse que alguien así se ama más que a nadie, porque ansía para sí las cosas más nobles, es decir, los mejores bienes, y se limita a satisfacer su parte más soberana obedeciéndole en todo. Pero, en realidad, se ama a sí mismo en el mejor sentido de la expresión, porque esa parte es la más importante de la persona, del mismo modo que el soberano es la parte más importante de la ciudad o de cualquier Estado. Asimismo, consideramos a alguien dueño de sí cuando es capaz de dominar racionalmente sus actos, porque la razón se identifica comúnmente con la persona. De ahí también que los actos racionales nos parezcan más deliberados y personales. Está claro que el principio soberano de la razón constituye la esencia del individuo, y que el hombre virtuoso lo ama por encima de todo. Podría decirse, pues, que el virtuoso se ama más que a nadie, pero no en el mismo sentido que el egoísta. Entre uno y otro existe la misma distancia que entre obrar racionalmente y entregarse a las pasiones, o entre desear cosas nobles y perseguir lo que creemos ventajoso.

No es extraño que todo el mundo apruebe y alabe a quienes se esfuerzan por obrar noblemente, y si todos los hombres aspiraran a ser virtuosos y se esforzaran por actuar siempre del mejor modo la comunidad entera vería colmadas sus necesidades, y cada individuo en particular obtendría el mayor de los obsequios, ya que la virtud es un bien precioso. De modo que podemos extraer dos conclusiones: por una parte, que el hombre de bien debe amarse a sí mismo, ya que sus actos nobles no sólo lo gratifican a él, sino también a los demás; y, por otra parte, que el malvado no debe amarse a sí mismo, puesto que al entregarse a sus pasiones sólo consigue perjudicar a los demás y a sí mismo. En el malvado existe una profunda discordia entre lo que debe hacer y lo que hace, mientras que el hombre virtuoso hace lo que debe porque obedece a la razón, que escoge lo mejor, es decir, lo más inteligente.

Asimismo, el virtuoso hará todo lo que esté en su mano por sus amigos o por la patria, aunque le cueste la vida. Renunciará a las riquezas, a los honores y a todo lo que suele codiciar el común de los mortales para consagrarse por entero a obrar bien: preferirá un breve placer intenso que placeres moderados durante largo tiempo, y vivir noblemente un año que muchos sin pena ni gloria, y hacer una sola cosa bella y memorable que muchas insignificantes. De hecho, eso es lo que lleva a los hombres generosos a sacrificar su vida cuando es preciso, pues aspiran sólo a lo más noble y digno. Renuncian de buen grado a su fortuna si su ruina puede salvar a los amigos, y reservando las riquezas a los otros obtienen honor, que es un bien inmensamente más precioso. Lo mismo hacen con las distinciones y los cargos, que gustosamente ceden al amigo, porque a sus ojos la generosidad es más noble y admirable. De hecho, no erramos al considerar virtuosos a quienes renuncian a todo en pos del bien. Pueden incluso renunciar a actuar para que otro disfrute de la gloria, porque a veces es más noble contribuir a que un amigo haga algo que hacerlo uno mismo.

Queda claro, pues, que en todo acto loable el hombre virtuoso parece llevarse la mayor parte de nobleza, e insisto en que así es como debe amarse cada cual a sí mismo, en vez de hacerlo como suele entenderse comúnmente.

9

También es materia de discusión si el hombre feliz tiene necesidad de amigos o no. Se suele decir que los dichosos se bastan a sí mismos y no necesitan amigos porque están perfectamente satisfechos y no precisan nada más para ser felices. De hecho, el amigo es «otro yo» que aporta las cosas que uno mismo no es capaz de procurarse, pero «cuando la fortuna nos favorece, ¿quién necesita amigos?».[1] No obstante, parece absurdo pensar que el hombre dichoso lo tiene todo pese a no tener amigos, que son una de las mayores fortunas que cabe esperar del mundo. De modo que, si es cierto que

[1] Eurípides, *Orestes*, 665.

la característica principal del verdadero amigo es hacer favores más que recibirlos, y que la característica del hombre virtuoso es favorecer a los demás, y, por último, que es más noble favorecer a los amigos que a los extraños, entonces el virtuoso tendrá necesidad de amigos a los que favorecer. De ahí que otra pregunta habitual sea si tenemos más necesidad de amigos en la adversidad o en la prosperidad, ya que, si bien el desdichado necesita benefactores, también el hombre afortunado necesita prodigar favores.

Creo que es absurdo pensar que el hombre dichoso es un solitario. ¿Quién escogería disfrutar de todos los bienes de la tierra a cambio de estar solo? El hombre es un animal político cuya naturaleza lo inclina a vivir con sus semejantes, y lo mismo vale para el hombre feliz: si posee todas las virtudes de su naturaleza, preferirá pasar los días en compañía de amigos y hombres de bien que entre extraños o personas corrientes. Así pues, el hombre dichoso también tiene necesidad de amigos.

¿Qué hay de cierto, entonces, en la idea de que los hombres felices no tienen necesidad de amigos porque se bastan a sí mismos? ¿Se debe a que casi todo el mundo entiende la amistad de forma interesada? Desde luego, como el hombre dichoso está plenamente satisfecho no tiene necesidad de tales amistades, ni de las que procuran placer, porque su vida le resulta muy placentera. Y puesto que no necesita ese tipo de amistades, se suele considerar que puede prescindir de cualquier amistad.

Pero este razonamiento es muy dudoso. Como ya hemos dicho, la felicidad es una forma de actividad, es decir, el resultado de una sucesión de actos, y no pertenece a quien la desempeña del mismo modo que un objeto material. Si ser feliz consiste en vivir y actuar, y la actividad del hombre virtuoso es bondadosa y placentera en sí misma, como hemos dicho antes; y si las cosas que uno mismo es capaz de hacer resultan muy placenteras; y si podemos contemplar mejor los actos de los otros que los propios, y las obras de los virtuosos complacen a sus amigos virtuosos (puesto que ambos disfrutan de la contemplación de la bondad), de todo ello cabe concluir que el hombre dichoso necesita amigos, puesto que ha decidido contemplar únicamente los actos nobles que además le resultan familiares porque él mismo es capaz de hacerlos: y los actos de un amigo virtuoso satisfacen ambas condiciones.

Por otra parte, se considera que el hombre dichoso es el que lleva una vida agradable, pero la vida en solitario es ardua, y cuesta mantenerse activo constantemente. Es más fácil actuar con y para otros, y la actividad es entonces más continua y agradable por sí misma, condición necesaria para el hombre dichoso, ya que, precisamente porque es bueno, le complace actuar de forma bondadosa y le disgustan los actos malintencionados, igual que al músico le deleitan las melodías bellas y le disgustan las malas. Además, como señaló Teognis, convivir con personas de bien contribuye a ejercitar la virtud.[1]

Si examinamos el asunto a la luz de las leyes de la naturaleza, veremos que es natural que al virtuoso le parezca más deseable un amigo virtuoso, porque como se ha dicho las cosas buenas por naturaleza resultan placenteras por sí mismas al hombre de bien. En el caso de los animales, lo que define la vida es la capacidad de sentir, mientras que en el de los seres humanos, las de

[1] Teognis, 35: «De los nobles aprenderás cosas nobles».

sentir y pensar. Ahora bien, puesto que una capacidad remite a una actividad, que es el factor decisivo, la vida humana consiste fundamentalmente en sentir y pensar de forma activa. La vida es un don placentero en sí misma porque está determinada y lo determinado es bueno por naturaleza. Y, como se ha dicho, lo bueno por naturaleza es tan bueno para el hombre virtuoso como para el resto. Pero no puede decirse lo mismo de la vida depravada y envilecida, como tampoco de la vida llena de sufrimiento, porque están indeterminadas, al igual que los elementos que la componen, como se verá cuando nos ocupemos del dolor.[1]

Que todos los seres humanos deseen conservar la vida prueba que es un don universalmente placentero, pero sobre todo lo es para las personas virtuosas, pues su vida es del todo deseable y su existencia plenamente dichosa. Si al ver somos conscientes de que vemos, al oír, de que oímos, al caminar, de que caminamos, y así con el resto de actividades, es porque hay algo en nuestro interior que percibe lo que hacemos: cuando sentimos somos conscientes de

[1] En el libro x de la *Ética a Nicómaco*.

que sentimos, y cuando pensamos, de que pensamos. Ser conscientes de que sentimos y pensamos es serlo de que existimos (pues lo que define la vida humana es la capacidad de sentir y pensar); y la conciencia de estar vivo es un placer para cualquiera, pero especialmente para los virtuosos, pues ellos son conscientes de que obran bien, por eso la vida les resulta inmensamente dichosa.

Ahora bien, puesto que el hombre virtuoso se relaciona consigo mismo como con el amigo, que es su espejo, la vida del amigo le resultará tan deseable como la suya, o poco menos. Como hemos dicho, la existencia le resulta especialmente deseable porque es consciente de que obra bien y esa conciencia es placentera por sí misma. En consecuencia, también deberá ser consciente de la existencia del amigo, y a ello contribuirá la convivencia en la que conversar e intercambiar pensamientos, pues en eso consiste la vida en común entre las personas, no tan sólo en pastar en un mismo prado, como el ganado.

Así pues, si para el hombre dichoso la existencia es deseable por sí misma, porque es por naturaleza buena y placentera, también la vida del amigo virtuoso será un bien deseable, puesto que viene a ser como la suya. Pero como la felicidad sólo es completa cuando poseemos lo que deseamos, el hombre de bien necesitará amigos virtuosos para ser completamente feliz.

10

La amistad es pues un bien necesario, pero ¿hay que hacer el mayor número posible de amigos? Si de la hospitalidad suele decirse «que no te llamen huésped de muchos ni de pocos»,[1] ¿habrá que decir de la amistad «que no te llamen amigo de muchos ni de pocos»? El consejo resultaría muy adecuado en el caso de las amistades interesadas, porque devolver muchos favores es una ardua tarea y no basta una vida para completarla. De modo que tener más amigos de los necesarios para satisfacer las necesidades de la vida es superfluo e impide llevar una vida noble: casi es preferible no tener ningún amigo de ese tipo. También en el caso de las amistades placenteras bastan unas pocas, como una pizca de condimento en la comida. Pero ¿qué decir

[1] Hesíodo, *Trabajos y días*, 715.

de los amigos virtuosos?, ¿debemos tener el mayor número posible, o existen límites, como en la población de una ciudad? Ciertamente, diez hombres no forman una ciudad, pero más de cien mil la desbordan. No quiero decir que pueda precisarse un número determinado, sino más bien una cantidad dentro de ciertos límites. Lo mismo ocurre en cuanto al número de amigos: debe ser limitado, y podría corresponder a la mayor cantidad con que uno es capaz de convivir, porque la vida en común es lo que define la amistad.

Es evidente que no podemos multiplicarnos para compartir el tiempo con infinidad de personas. Además, nuestros amigos también deberán serlo entre ellos, ya que deseamos pasar tiempo con todos, pero eso resultará difícil si son muchos. Tampoco será fácil compartir penas y alegrías, porque probablemente tendríamos que llorar con uno y reír con otro al mismo tiempo. Así pues, quizá convenga no hacer el mayor número posible de amigos, sino sólo los suficientes con los que poder compartir la vida. No es posible ser buen amigo de muchos, como tampoco enamorarse de varias personas, porque el amor es una forma de amistad excesiva que distingue a una persona del resto, y también la amistad profunda distingue únicamente a unos pocos.

Como demuestra la realidad, nunca son muchas las personas a las que une la profunda amistad de la camaradería, y de hecho la mayor parte de poetas que han loado la amistad se han referido a dos amigos. Quienes tienen muchas amistades y tratan familiarmente a todo el mundo no son realmente amigos de nadie y se los suele considerar complacientes. Sólo en el sentido cívico del término *amistad* es posible ser amigo de muchos honestamente, sin resultar complaciente, fuera de eso no es posible tener muchos amigos admirables por su virtud y por sí mismos, y habría que sentirse satisfecho de encontrar a unos pocos de esa clase.

11

¿Son más necesarios los amigos en la prosperidad o en el infortunio? En ambas situaciones suelen buscarse amigos, ya que el desafortunado necesita ayuda, y el afortunado, compartir su suerte con otras personas a las que favorecer, puesto que su deseo es obrar bien. Así pues, la amistad es más necesaria en la adversidad, cuando se requieren amigos útiles, pero más noble en la prosperidad, cuando se escoge a hombres virtuosos a los que favorecer y con los que convivir.

La mera presencia de amigos es grata, tanto en las horas felices como en las desgraciadas. En el segundo caso, porque las penas compartidas pesan menos. Podría preguntarse si es así porque el amigo comparte el pesar como si se tratara de una carga, o tan sólo porque nos reconforta su presencia y pensar que nos comprende. Pero sea por un motivo o por el otro, lo cierto es que compartir las penas consuela.

No obstante, la presencia del amigo tiene más de un efecto. Como decimos, en el infortunio el simple hecho de ver al amigo es agradable, ya que en cierto modo hace más llevadera la aflicción, pero no sólo consuela con su presencia, sino también con sus palabras, si tiene el suficiente tacto, ya que conoce nuestro carácter y sabe lo que nos alegra y nos aflige. Sin embargo, por otra parte, es doloroso ver apenarse a un amigo por nuestras desgracias, ya que nadie quiere causar pesar a sus amigos. Por eso, los hombres cabalmente viriles, salvo si son muy insensibles, evitan compartir las penas con los amigos, y no soportan que los compadezcan, pues tampoco ellos se compadecen a sí mismos. En cambio, a las mujeres y a los hombres débiles como ellas les complace tener con quien dolerse y consideran amigos a quienes lloran con ellas. Basta decir que en cualquier circunstancia hay que imitar el ejemplo más noble.

En la prosperidad, la mera presencia de los amigos resulta doblemente grata, porque no sólo nos brinda el placer de pasar tiempo con ellos, sino también el de pensar que disfrutan de lo mismo que nosotros. Así pues, conviene verlos para compartir la buena suerte, ya que es noble ser generoso, pero evitarlos en el infortunio para ahorrarles los disgustos, de ahí que suela decirse que «basta con que sufra uno». Más vale contar con el amigo sólo cuando pueda sernos de gran ayuda causándole una mínima molestia.

Asimismo, cuando es el amigo quien necesita ayuda debemos acudir de buen grado sin esperar a que nos la pida, porque es propio hacer favores al amigo, sobre todo al que ni siquiera los solicita estando en apuros, lo cual es más noble y grato para ambas partes. Y cuando la suerte le sonríe hay que estar disponible para compartir las alegrías, pero evitar aceptar favores a la primera, pues no es noble codiciarlos. No obstante, también hay que guardarse de parecer displicente al rechazarlos, cosa que ocurre a veces.

En suma, es evidente que la presencia de amigos es deseable en cualquier circunstancia.

12

¿No es cierto, entonces, que convivir es la mayor aspiración de los amigos, del mismo modo que verse es el principal deseo de los amantes, que prefieren la vista a cualquier otro sentido porque a ella debe su origen y su existencia el amor? La razón de que así sea es que la amistad es una unión en que uno se relaciona con otro como consigo mismo. La conciencia de la propia vida es tan grata como la conciencia de que el amigo está vivo, y la actividad de esta conciencia se produce al convivir, por eso es la mayor aspiración de los amigos.

Cada cual desea compartir con el amigo su modo de entender la vida y las razones por las que merece la pena vivirla, por eso algunos comen y beben juntos, otros juegan a los dados, hacen gimnasia o cazan juntos, otros comparten su interés por la filosofía, pero en cualquier caso todos pasan tiempo juntos compartiendo lo que más aman en la vida. Y puesto que la máxima aspiración de los amigos es convivir, comparten todas las actividades que les permiten cultivar la relación e intimar. Esto es precisamente lo que hace tan perniciosa la amistad entre las personas malvadas: como están divididas, comparten sus peores sentimientos, y cuanto más íntimo es el trato, más se pervierten. En la amistad virtuosa entre hombres honestos, en cambio, cuanto más íntimo es el trato más virtuosos se vuelven, porque si necesitan corregirse disponen del ejemplo del amigo, y cada cual es un modelo para el otro, como sugiere el dicho «de los nobles aprenderás cosas nobles».

ESTA REIMPRESIÓN, PRIMERA, DE
«SOBRE LA AMISTAD», DE ARISTÓTELES,
SE TERMINÓ DE IMPRIMIR
EN CAPELLADES EN EL
MES DE AGOSTO
DEL AÑO
2025

Colección Cuadernos del Acantilado
Últimos títulos

71. PLUTARCO *Vidas de Alejandro y César*
72. PASCAL BRUCKNER *El vértigo de Babel. Cosmopolitismo o globalización*
73. JUAN ANTONIO MASOLIVER RÓDENAS *La inocencia lesionada*
74. LEV TOLSTÓI *Después del baile* (2 ediciones)
75. RAFAEL ARGULLOL *Tratado erótico-teológico. Un relato*
76. *Así era Lev Tolstói (I)*
77. ADAM ZAGAJEWSKI *Releer a Rilke* (2 ediciones)
78. EUGENIO TRÍAS *Thomas Mann*
79. RAMÓN ANDRÉS *Claudio Monteverdi. «Lamento della Ninfa»* (2 ediciones)
80. SHAFTESBURY *Carta sobre el entusiasmo & «Sensus communis». Ensayo sobre la libertad de ingenio y el humor*
81. MARIO SATZ *Pequeños paraísos. El espíritu de los jardines* (6 ediciones)
82. JOSEPH ROTH *Fresas*
83. *Así era Lev Tolstói (II)*
84. GIACOMO LEOPARDI *Recuerdos del primer amor*
85. STEFAN ZWEIG *Miedo* (11 ediciones)
86. NATALIA GINZBURG *Me casé por alegría* (2 ediciones)
87. ÉTIENNE BARILIER *El vértigo de la fuerza*
88. SIMON LEYS *La muerte de Napoleón*

89. GUIDO CERONETTI *Los pensamientos del té*
90. LEV TOLSTÓI *La historia de un caballo* (3 ediciones)
91. FRANZ KAFKA *«La condena» y «El fogonero»*
92. FRANCK MAUBERT *El hombre que camina* (2 ediciones)
93. RAFAEL ARGULLOL *El enigma de Lea. Cuento mítico para una ópera*
94. STEFAN ZWEIG *Américo Vespucio. Relato de un error histórico* (6 ediciones)
95. MARIO SATZ *El alfabeto alado* (2 ediciones)
96. FRANZ KAFKA *En la colonia penitenciaria* (2 ediciones)
97. NATHALIE LÉGER *La exposición*
98. MAX BEERBOHM *Enoch Soames*
99. A. G. PORTA *Me llamo Vila-Matas, como todo el mundo*
100. BOECIO *Consuelo de la filosofía* (5 ediciones)
101. STEFAN ZWEIG *Una boda en Lyon. Y otros relatos* (3 ediciones)
102. ERASMO DE RÓTERDAM *Lamento de la paz*
103. PETER STAMM *Marcia de Vermont. Cuento de invierno*
104. W. H. AUDEN *Elogio de la piedra caliza*
105. MARINA TSVIETÁIEVA *Mi padre y su museo* (2 ediciones)
106. LEV TOLSTÓI *La mañana de un terrateniente*
107. MARIO SATZ *Bibliotecas imaginarias* (2 ediciones)
108. TAMARA DJERMANOVIC *El universo de Dostoievski* (2 ediciones)
109. *Así era Lev Tolstói (III). Tolstói y la música*
110. RAFAEL MONEO *Sobre Ronchamp*
111. A. G. PORTA *Persecución y asesinato del rey de los ratones representada por el coro de las cloacas bajo la dirección de un escritor fracasado*

112. FRANCESCO PETRARCA *Remedios para la vida* (3 ediciones)

113. ARTHUR SCHOPENHAUER *El arte de tener razón. Expuesto en 38 estratagemas* (5 ediciones)

114. JEAN-PHILIPPE POSTEL *El affaire Arnolfini. Investigación sobre un cuadro de Van Eyck* (6 ediciones)

115. NUCCIO ORDINE *George Steiner, el huésped incómodo. Entrevista póstuma y otras conversaciones*

116. YANNIS RITSOS *Sueño de un mediodía de verano*

117. STEFAN ZWEIG *Verlaine*

118. NATALIA GINZBURG *Valentino* (2 ediciones)

119. LEV TOLSTÓI *«Lucerna» y «Albert»* (2 ediciones)

120. MARÍA NEGRONI *La idea natural* (3 ediciones)

121. STEFAN ZWEIG *«Obligación impuesta» y «Wondrak»* (2 ediciones)

122. MARIO SATZ *El rostro y sus máscaras. Variaciones y constancias*

123. FRANZ KAFKA *Un médico rural. Pequeños relatos* (2 ediciones)

124. JOSEPH ROTH *La leyenda del santo bebedor*

125. ARISTÓTELES *Sobre la amistad. Libros* VIII-IX *de «Ética a Nicómaco»* (2 ediciones)

126. GIOVANNI BOCCACCIO *Breve elogio de Dante*

127. MARINA TSVIETÁIEVA *El diablo*

128. RAFAEL ARGULLOL *El «Quattrocento». Arte y cultura del Renacimiento italiano* (2 ediciones)

129. HEINRICH VON KLEIST *Sobre el teatro de marionetas y otros textos acerca de la representación*

130. EDGARDO COZARINSKY *Prófugos*